L'AGONIE

DE

PAUL VERLAINE

1890-1896

N° 605

de la

BIBLIOTHÈQUE ROBERT DE MONTESQUIOU

Maison du Bibliophile.   M. ESCOFFIER, Paris.

L'AGONIE

DE

PAUL VERLAINE

1890-1896

N° 605-92.

Jeudi.

Mon Cher Ami,

Si — comme c'est probable, on enterre demain le pauvre Verlaine — ne croyez-vous pas qu'il faudrait *remettre* la réunion du comité Desbordes-Valmore.

Un mot de réponse, S. V. P.

À vous cordialement

L'AGONIE

DE

PAUL VERLAINE

1890-1896

N° 605
de la
BIBLIOTHÈQUE ROBERT DE MONTESQUIOU

(Vacation du 26 avril 1923)

MAISON DU BIBLIOPHILE
LIBRAIRIE M. ESCOFFIER
11, RUE DE MIROMESNIL, 11
PARIS

MASCARADE MACABRE

Hommes et femmes affligés
chantants et dansants.
(Molière)

Tous les Masques, les Mezzetin,
Les Trivelin, les Scaramouche,
Colombines à l'œil mutin,
Une mouche au coin de leur bouche,
Tous les bleus bergers de Watteau
Avec leur rose châtelaine,
Ont drapé de noir leur bateau
Et mènent le deuil de Verlaine.

.   .   .   .

.   .   .   .

Et les Cupidos potelés
Qui semblent des bouquets de roses
Et les palombes dételées
Du char blond des Cypris moroses,
Mignonnement endolories,
Avec leur plume de pleurs pleine,
Pleurent Chloé, pleurent Chloris,
Pleurent sur le cœur de Verlaine.

ROBERT DE MONTESQUIOU.

1

L'AGONIE DE PAUL VERLAINE

1890-1896

N° 605 DE LA BIBLIOTHÈQUE ROBERT DE MONTESQUIOU

VERLAINE (Paul). Soixante-huit lettres autographes à Robert DE
MONTESQUIOU et à Gabriel DE YTURRI. — Documents autographes et
imprimés relatifs à Verlaine.

Recueil de documents autographes ou imprimés, dessins inédits, gravures, etc..., de
1890 à 1896, montés sur onglets et reliés en un volume grand in-4°, maroquin tête de
nègre janséniste, à l'intérieur, bande de maroquin La Vallière avec encadrement de
deux filets dorés, doublure et gardes de soie brochée à décor de chauves-souris, dou-
bles gardes (CH. MEUNIER).

*A quelle époque de la vie de Paul Verlaine qu'appartinssent les soixante-
huit lettres de ce recueil, elles ne pourraient manquer d'être des documents
précieux pour une plus ample connaissance de l'existence et de l'œuvre (les
deux ne faisant, d'ailleurs, qu'un) du pauvre Lélian. Mais comme elles
vont, sauf une datée de 1890, de la fin de 1891 au commencement de 1896,
c'est-à-dire s'espaçant le long des quatre dernières années que vécut Verlaine, certainement les plus douloureuses et, pour tout dire, les plus misé-*

rables ; comme il y a là les dernières lignes mêmes qu'il a écrites, on peut deviner ce qu'elles valent et quel pathétique s'en dégage, croissant, lui aussi, de scène en scène, jusqu'au dénouement mortel.

Matériellement, ces lettres sont déjà significatives. La diversité du papier (feuille bulle d'hôpital, feuilles hétéroclites de chez le marchand de vins ou du café, ou de l'hôtel garni, avec leurs en-têtes, de temps en temps corrects formats bourgeois, ici et là emprunts bleus ou roses à une papeterie féminine faussement élégante) ; l'écriture, rarement apaisée, le plus souvent rapide, heurtée, fiévreuse ; les mots importants — ou importuns — soulignés plusieurs fois ; les post-scriptum en travers ; les lettres de quatre pages écrites sur la première et la quatrième exclusivement ; tout, jusqu'à l'odeur de pipe froide qui les imprègne encore, parle à l'imagination et ferait deviner à qui ne les lirait pas les tristes tribulations du signataire.

Qu'est-ce quand on les lit ! On y voit Verlaine « interminablement malade », la plupart du temps, à l'hôpital Broussais ou Saint-Louis, Saint-Louis ou Broussais, désemparé quand il en sort, ne sachant où aller, « sans domicile », échouant dans quelque meublé borgne du quartier Mouffetard, où il est victime du logeur et de la « grosse Esther », recueilli chez l'une ou chez l'autre qu'il trouve, d'abord, « excellentes personnes », mais avec lesquelles bientôt les scènes se multiplient jusqu'aux ruptures « sans esprit de retour » et aux résolutions de « rester quelque temps célibataire », suivies des retours immédiats au gîte pour toutes sortes de raisons. On y voit Verlaine encore et toujours aux prises avec le besoin d'argent, les demandes réitérées auxquelles il se livre, avec un effort marqué pour en varier l'expression, si j'ose dire, littéraire, et une curieuse ponctualité dans le remerciement quand le Mécène sollicité (en l'espèce le Comte de Montesquiou) s'est exécuté, ce qu'il faisait toujours et vite. — Bref, ces missives constituent comme une lamentation continue dramatiquement terminée par les deux billets — sur papier mauve — du 2 janvier 1896, où Verlaine se sent et se dit fini. On sait qu'il mourait quelques jours après, le 8 janvier, au 39 de la rue Descartes, dans une pauvre chambre d'une pauvre maison de ce pauvre quartier Mouffetard, où il avait tant déambulé. Quand nous vîmes, le lendemain, sa dépouille, sa face douloureuse, son ventre extraordinairement gonflé, nous ne pûmes pas ne pas nous dire qu'il avait beaucoup souffert. Les présentes lettres en sont la preuve, signées de celui qui fut, comme il le dit dans une : « Le poète douloureux sans fin ni trêve » ; par elles, il a mis, en quelque sorte par avance, le point final à son dossier biographique, — mais il suscite aussi par elles des méditations infinies. — A. L. M.

En tête de ce recueil, contenant **soixante-huit lettres auto-graphes et inédites** de Verlaine, figure, imprimée sur **Papier de Hollande,** une table dressée pour ce recueil ; elle donne l'énumération, dans l'ordre où ils sont reliés, de tous les documents et une brève analyse de chaque autographe ou imprimé.

Voici cette table :

1. BARRÈS (Maurice). Lettre (s. d.) adressée à Robert de Montesquiou, pour lui proposer de former un Comité de quinze personnes, versant chacune dix francs par mois. Cette somme permettrait d'assurer une pension à Paul Verlaine.

2. BARRÈS (Maurice). Lettre (s. d.) adressée à Robert de Montesquiou, pour lui annoncer qu'il a obtenu l'adhésion de six souscripteurs.

3. BARRÈS (Maurice). Lettre (s. d.) adressée à Robert de Montesquiou, pour l'informer que six nouveaux souscripteurs ont envoyé leur adhésion.

4. BARRÈS (Maurice). Lettre datée du 23 août 1894, adressée à Robert de Montesquiou, pour lui annoncer la formation définitive du Comité.

5. BARRÈS (Maurice). Lettre (s. d.) adressée à Robert de Montesquiou, pour lui communiquer la liste des souscripteurs et le prévenir que les cotisations devront être envoyées au caissier du *Figaro*, qui se charge d'en remettre le montant à Verlaine.

Voici les noms des quinze souscripteurs qui ont formé le Comité de secours à Verlaine : Mmes la comtesse Greffulhe, la duchesse de Rohan, la comtesse René de Béarn, MM. Henry Bauer, Paul Brulat, François Coppée, Léon Daudet, Dr L. Jullien, Jules Lemaître, Francis Magnard, Octave Mirbeau, comte Robert de Montesquiou, Jean Richepin, Sully-Prudhomme, Maurice Barrès.

6. CAZALS (F. A.). Portrait de Verlaine (vu de dos). Épreuve sur Japon (n° 16), avec envoi autographe de l'auteur et de Verlaine à Gabriel de Yturri.

7. VERLAINE (Paul). Billet autographe de quatre lignes, daté du 13 juin 1890, adressé au comte de Montesquiou.

8. VERLAINE (Paul). Lettre du 17 décembre 1891, écrite de l'Hôpital Brous-sais, au comte de Montesquiou. — Verlaine le prie de lui avancer la somme de 100 francs, et lui annonce l'envoi d'un manuscrit en prose : *Voyage en France par un Français.*

Paris, le 20 Février 1892

Monsieur,

J'ai reçu votre lettre qui en effet m'a
rassuré quant à ce qui pourrait concerner ma
délicatesse.

Mais j'apprends que la fille (Philomène
Boudin, dite Esther, 272, rue St Jacques) et le
logeur (Paul Lacan, 18 rue Descartes, 18)
manigancent à nouveau à propos de mon
manuscrit, Voyage en France par un français.

Comme ce sale embroglio m'importune,
je vous prie, Monsieur, de vouloir bien me
fixer, un jour ou deux d'avance, un rendez-vous
chez vous, ou où il vous plaira, à l'effet de
m'éclaircir sur un acte qui me paraît entaché
d'escroquerie sous toutes les formes.

Agréez, Monsieur, avec mes sentiments,
renouvelés, de gratitude, l'expression de mes
meilleurs sentiments.

Paul Verlaine

15, rue Descartes, 15

9. VERLAINE (Paul). Lettre du 26 décembre 1891, écrite de l'Hôpital Broussais, au comte de Montesquiou. — Verlaine le remercie de lui avoir envoyé la somme demandée.

10. VERLAINE (Paul). Lettre du 12 février [1892], écrite du 15 de la rue Descartes, au comte de Montesquiou. — Verlaine se plaint de ce que le manuscrit promis « ait été l'objet de délictueux tripotages » de la part « d'un logeur aidé d'une fille ».

11. VERLAINE (Paul). Lettre du 20 février 1892, écrite du 15 de la rue Descartes, au comte de Montesquiou. — Verlaine fait encore allusion au logeur et à « la fille » (Philomène Boudin, dite Esther) qui « manigancent à nouveau » à propos du manuscrit d'*Un voyage en France*...

12. VERLAINE (Paul). Lettre du 24 mai 1892 au comte de Montesquiou. — Verlaine donne rendez-vous au comte de Montesquiou dans son « habitacle » du 15 de la rue Descartes.

13. VERLAINE (Paul). Lettre du 27 mai 1892 au comte de Montesquiou. — Verlaine remercie le comte, qui lui a proposé de le faire chercher rue Descartes.

14. VERLAINE (Paul). Lettre du 3 juin 1892, écrite du 15 de la rue Descartes, au comte de Montesquiou. — Verlaine, souffrant, remercie le comte de sa réception.

15. VERLAINE (Paul). Lettre du 15 juillet 1892, écrite du 15 de la rue Descartes, au comte de Montesquiou. — Verlaine s'étant absenté quelques jours, regrette d'avoir manqué la visite du comte.

16. VERLAINE (Paul). Lettre du 19 août 1892, écrite de l'Hôpital Broussais, au comte de Montesquiou. — Verlaine prie le comte de vouloir bien lui avancer 100 francs « pour achat d'effets d'habillement ».

17. GRAVEROL. Aquarelle originale représentant Verlaine debout, au pied de son lit d'hôpital.

18. VERLAINE (Paul). Lettre du 22 décembre 1892, écrite de l'Hôpital Broussais, au comte de Montesquiou. — Verlaine se plaint d'avoir été dépouillé de la somme que lui avaient rapporté ses conférences en Hollande. Il demande à son correspondant « comme en rougissant » de lui fournir les moyens de sortir de l'hôpital et de louer une « cahutte » à la campagne, près de Paris toutefois : « où mon travail, mais mon travail seul m'appellerait. »

19. ROTHENSTEIN (W.). Lithographie (portrait de Verlaine) avec envoi autographe de l'auteur : W. R. à VERLAINE.

20. VERLAINE (PAUL). Lettre du 3 janvier 1893, écrite de l'Hôpital Broussais, au comte de MONTESQUIOU. — VERLAINE annonce qu'il va sous peu partir en Belgique et en Hollande pour y faire des conférences. Il espère qu'elles lui rapporteront un peu d'argent, mais sa garde-robe étant plus qu'incomplète « pour représenter un peu à l'étranger », il sollicite un secours du comte.

21. VERLAINE (PAUL). Lettre (s. d.) écrite de l'Hôpital Broussais (sur une feuille d'entrée) à Gabriel de YTURRI. — VERLAINE est inquiet de n'avoir pas reçu de réponse du comte de MONTESQUIOU. Il doit bientôt quitter l'Hôpital pour partir en Belgique, et il est sans ressources : « Je suis à *quia.* » Il demande l'adresse de la princesse de Léon pour la remercier d'avoir dévoilé des escroqueries dont il aurait été victime.

22. VERLAINE (PAUL). Lettre du 24 janvier 1893, écrite du 9 de la rue des Fossés-Saint-Jacques (chez Eugénie Krantz), à Gabriel de YTURRI pour le prier de remercier le comte de MONTESQUIOU.

23. VERLAINE (PAUL). Lettre du 30 janvier 1893, écrite du 9 de la rue des Fossés-Saint-Jacques, au comte de MONTESQUIOU. — VERLAINE, prévenu par YTURRI des « bonnes volontés » du comte, le prie instamment de lui envoyer d'urgence des subsides. Il lui annonce qu' « après mûre réflexion, il reloge chez l'excellente personne dont YTURRI a dû lui parler (Eugénie Krantz). »

24. VERLAINE (PAUL). Lettre du 4 [février 1893], écrite de la librairie Vanier, au comte de MONTESQUIOU. — VERLAINE le remercie de son « bon mot » et le prie d'adresser sa correspondance chez Vanier, car : « Je ne demeure plus à la précédente adresse, décidément. »

25. VERLAINE (PAUL). Lettre du 9 février 1893, écrite de la librairie Vanier, au comte de MONTESQUIOU. — Devant le silence du comte, VERLAINE inquiet lui déclare qu'il s'est débarrassé des « deux causes » de son dénuement. Il a quitté la rue des Fossés-Saint-Jacques « sans esprit de retour », mais sa détresse est telle qu'il prie le comte, s'il veut être bon, de « l'être le plus tôt possible ».

26. VERLAINE (PAUL). Billet (s. d.) adressé au comte de MONTESQUIOU. — VERLAINE le prie, « en présence de certaines indiscrétions », d'envoyer sa correspondance chez Vanier.

20 juillet 1893

Cher poète, Enfin les voilà lus et relus les chers volumes ! Je m'exprime moins mal en vers qu'en prose je vous reporte au journal ci joint pour avoir mon appréciation

Je n'y ajouterai qu'une chose : comme je viens d'aimer les œuvres Valmont de mettre enfin cette admirable "muse", cette adorable toute simple et toute bien orageuse âme et de la remettre à sa place j'ai lu la première "Même Sand," oui ! Est-ce vous apprendre de préparer si j'ai bien compris, un volume sur cet ange !

Quant à moi il paraît

que je vais mieux. Mais je
suis d'une faiblesse atroce
qui augmente de jour en jour.
Et j'ai maintenant pour
réconfort un coup ou deux
de bistouri. Quoti-
diennement. C'est abominable
de souffrance où je ne puis
Sourde. Plaignez votre
triste — et tout affectueux

P. Verlaine

H^l Broussais, 96 rue
Didot.

Excusez cette pauvre écriture
Elle provient d'un fébrice
et d'un squelette qui peut
à peine manier une
plume.

N° 605-29 (b).

27. VERLAINE (Paul). Lettre du 13 décembre 1893, écrite du 9, rue des Fossés-
Saint-Jacques, au comte de Montesquiou. — Verlaine, qui écrit « en présence
de Mlle Krantz », le prie de démentir certains bruits d'après lesquels, sur le vu
de fausses lettres signées d'Eugénie Krantz, le comte lui aurait envoyé des
« secours ». Il regrette d'être importun, mais il a son « honneur à préserver ».

28. VERLAINE (Paul). Lettre du 16 février 1893, écrite à Gabriel de Yturri,
pour lui accuser réception de la somme de 150 francs, envoyée par le comte de
Montesquiou.

29. VERLAINE (Paul). Lettre du 20 juillet 1893, écrite de l'Hôpital Broussais,
au comte de Montesquiou. — Verlaine félicite le comte du culte qu'il porte
à la mémoire de Marceline Desbordes-Valmore : « Je vous aime d'aimer
Desbordes-Valmore... et je vous approuve de préparer, si j'ai bien compris, un
volume sur cet ange ! » A la fin de sa lettre, il se plaint des douleurs qu'il endure :
« Excusez cette pauvre écriture, elle provient d'un fiévreux et d'un squelette... »

30. VERLAINE (Paul). Lettre du 26 juillet 1893, écrite de l'Hôpital Broussais,
à Gabriel de Yturri, pour le charger de remercier le comte de Montesquiou
d'un prêt de livres. — Verlaine déclare qu'il recommence à travailler un peu.

31. CAZALS (F. A.). Dessin à la plume *(Paul Verlaine au café)*.

32. VERLAINE (Paul). Lettre du 14 août 1893, écrite de l'Hôpital Broussais,
à Gabriel de Yturri. — Verlaine lui envoie un sonnet qu'il lui avait promis
(voir le n° 93). Il se plaint de ce que le *Journal* n'a pas encore inséré l'article
qu'il avait préparé sur l'œuvre poétique du comte de Montesquiou. Il offre
au comte de Montesquiou de lui céder les deux portraits originaux de Cazals
qui figurent en tête de *Mes Hôpitaux* et dans le numéro de la « Plume » : *Les
Catholiques.*

33. VERLAINE (Paul). Lettre du 21 août 1893, écrite de l'Hôpital Broussais,
à Gabriel de Yturri. — Verlaine se plaint de la lenteur de sa guérison, et
sollicite un secours d'une centaine de francs : « Pour dépenses indispensables ».

34. VERLAINE (Paul). Lettre du 30 août 1893, écrite de l'Hôpital Broussais,
à Gabriel de Yturri, pour solliciter sa visite.

35. VERLAINE (Paul). Lettre du 23 septembre 1893, écrite de l'Hôpital Broussais, au comte de Montesquiou. — Verlaine s'inquiète d'être sans nouvelles
du comte et de Gabriel de Yturri. Il va beaucoup mieux et espère pouvoir
bientôt se « mettre dans ses meubles » en attendant la saison des conférences.

36. CAZALS (F. A.). Dessin à la plume *(Paul Verlaine au café)*.

37. VERLAINE (PAUL). Lettre du 25 octobre 1895, écrite de l'Hôpital Broussais, au comte de MONTESQUIOU. — VERLAINE, « pauvre malade, interminablement malade », est résolu à quitter l'hôpital dans les premiers jours de
novembre. Mais il y a toujours la « question d'argent » et les éditeurs sont « eux
aussi terriblement lents » à le payer.

38. VERLAINE (PAUL). Lettre du 31 octobre 1893, écrite de l'Hôpital Broussais, au comte de MONTESQUIOU. — VERLAINE, sur le point de partir pour une
tournée de conférences (Nancy pour commencer, en attendant Londres, etc.),
prie « en toute franchise et en toute confiance » le comte de vouloir bien lui
avancer l'argent du voyage. Il espère d'ailleurs que, « grâce aux Belges et aux
Anglais », il pourra se mettre enfin à travailler un peu à l'aise.

39. VERLAINE (PAUL). Lettre du 23 décembre 1893, écrite de l'Hôpital Broussais, au comte de MONTESQUIOU. Il s'excuse de ne lui avoir pas accusé réception
d'un envoi (d'argent ?). .

40. VERLAINE (PAUL). Lettre du 28 décembre (1893 ?), écrite de Londres,
au comte de MONTESQUIOU. — VERLAINE s'excuse de l'avoir laissé sans nouvelles, mais il vit dans « un tourbillon, littéralement » ; il vient de faire des conférences à Nancy, Lunéville, Londres, Oxford, et il va en faire à Manchester
et de nouveau à Londres.

41. VERLAINE (PAUL). Lettre du 6 février 1894, écrite du 187 de la rue Saint-
Jacques (chez Eugénie Krantz), à Gabriel de YTURRI. — VERLAINE demande
les épreuves d'un article (écrit par lui sur une conférence du comte de MONTES-
QUIOU) dont on lui a seulement envoyé les corrections.

42. VERLAINE (PAUL). Lettre du 8 février 1894, écrite du 187 de la rue Saint-
Jacques, au comte de MONTESQUIOU. — VERLAINE prévient le comte qu'il n'a
pas encore reçu les épreuves de l'article, demandées à Gabriel de YTURRI.

43. VERLAINE (PAUL). Lettre du 21 février 1894, écrite du 187 de la rue Saint-
Jacques, à Gabriel de YTURRI. — VERLAINE lui annonce l'envoi de deux petits
poèmes qu'il lui avait promis (voir nᵒˢ 45 et 46).

à E K

Lorsque nous allons chez Vanier
Dans des buts peu problématiques
En portes un petit panier
Moins plein d'objets aromatiques,

Persil, cerfeuil, ès-authentiques
Torsades d'un savant ~~Vanier~~ Vannier,
Et tels bouquins pour les boutiques
Que le quai ne peut renier

Moins plein dis-je de toutes choses
Que de ceci, soucis moroses,
Querelles affreuses, raisons
Mauvaises à jeter en Seine
Si qu'au retour, sans plus de gêne,
Tout bonnement nous nous baisons

Paul Verlaine

N° 605-45.

44. VERLAINE (Paul). Lettre du 22 février 1894, écrite du 16 de la rue Saint-Victor (chez Eugénie Krantz), à Gabriel de Yturri. — Verlaine se dit en proie à la plus grande détresse. Il sollicite un billet de 50 francs qui lui permettrait d'aller jusqu'aux premiers jours du mois prochain : « Le plus tôt sera le mieux, car demain ce sera le pain qui va manquer ici. »

45. VERLAINE (Paul). Sonnet autographe dédié à E. K. [Eugénie Krantz].

46. VERLAINE (Paul). Pièce de vers autographe intitulée : *Le Pinson d'Eugénie.*

47. VERLAINE (Paul). Lettre du 24 « janvier ? » [février], écrite du 16 de la rue Saint-Victor, à Gabriel de Yturri. — Verlaine lui rappelle (voir n° 44) qu'il a sollicité l'envoi d'un billet de 50 francs qui lui permît d'attendre les premiers jours de mars. Il insiste, car « tout vaut mieux que de mourir de faim ». Il a bien été recueilli par Mlle Krantz, « mais elle est pauvre, sans assez de travail pour vivre elle-même. »

48. VERLAINE (Paul). Lettre (s. d.), écrite du 187 de la rue Saint-Jacques, au comte de Montesquiou. — Verlaine remercie le comte d'une invitation à assister à sa prochaine conférence. Il lui annonce qu'il a quitté le 5 de la rue Broca et la personne avec laquelle il devait y habiter « qui s'est montrée par trop canaille et kleptomane. »

49. VERLAINE (Paul). Lettre du 14 mars 1894, écrite du 187 de la rue Saint-Jacques, à Gabriel de Yturri. — Verlaine se plaint de ce que « les argents d'Angleterre, bien que *très dûs*, n'arrivent pas ». Il sollicite une avance « car il n'y a plus le sou à la maison. »

50. VERLAINE (Paul). Lettre du 2 avril 1894, écrite du 187 de la rue Saint-Jacques à Gabriel de Yturri. — Verlaine regrette de n'avoir pu joindre son correspondant à l'issue d'une conférence qu'il avait faite : « J'ai, je crois, parlé *comme il faut de ce qu'il fallait.* »

51. VERLAINE (Paul). Lettre du 30 avril 1894, écrite à Gabriel de Yturri. — Verlaine lui annonce que, sur le conseil du Dr Jullien, il va entrer à l'Hôpital Saint-Louis pour faire soigner sa jambe. Mais il ne peut y être dans de bonnes conditions qu'en payant, et « nos ressources sont bien faibles... »

52. VERLAINE (Paul). Lettre du 1er mai 1894, écrite de l'Hôpital Saint-Louis, à Gabriel de Yturri. — Verlaine lui annonce son entrée à l'Hôpital, mais : « C'est 6 francs par jour... Les gens qui me donnent de l'argent sont lents, lents ! Enfin, je fais appel à tous bons cœurs ! »

Le Pinson d'Eugénie

~

C'est très miraculeux.

                    Ce pinson si joli
Qui sautillait d'un air attentif et poli
A tout au bout des barreaux, prêtant sa tête fine
A ma bouche lui sifflant l'air de la "Garine,"
Il n'est plus ! Le voici sans souffle désormais,

Il avait bien souffert, — autant que tu l'aimais
Mousserde, hélas ! et, symptôme bien pire encore
Immobile et muet dans la cage sonore
Du pépiement des autres hôtes de ces bois
Et vibrante, Dieu sait comme ! de leurs émois
De leurs effrois, plus vifs que les jeux de la houle
Il s'était accroupi, se contournant en boule
La tête sous son aile, ayant l'air de dormir,
Et tu gardais l'espoir, ressent de trop gémir,
De le croire en effet endormi.. La nuit sombre
Vint qui nous consola quelque peu. Mais quand l'ombre
Se dissipa, cédant, Soleil, à ton effort,
La vérité nous apparut : il était mort.

Tu reculas d'horreur malgré tout ton courage
Ordinaire, et n'osais le sortir de la cage.
J'accomplis, en ton lieu ce douloureux. devoir.
                                   Et——

Et toi, dépliant en silence un vieux
                                        Chat-noir
Le replias sur le cadavre avec des larmes
L'inceul approprié, symbole non sans charme
Nous débattrons un long temps l'heure et
                                        le lieu
Où rendre les derniers honneurs au petit dieu.
Quand, d'un air à la fois très drôle et très fier
Tu pris tout à coup ton premier déjà célèbre
Destiné dans ton cœur à l'enterrement du
Quand tu revins, t'avais l'air fier et
                                        plein de grâce
De quelqu'un ayant fait, sous ce bruit et
                                        sans grimace
Ce qu'on peut appeler une grande action !
« Je l'ai jeté dans les caveaux du Panthéon
E'écrias-tu.

          Puis, car la femme est toujours
                                        femme
Et, tes yeux éteignant soudain leur tombe
                                        flamme
Tu repris, et cela me parut aussi beau :
« Il aurait peut être mieux fait sur mon
                                        # chapeau

                    Paul Verlaine.

53. VERLAINE (PAUL). Lettre du 18 mai 1894, écrite de l'Hôpital Saint-Louis, à Gabriel de YTURRI. — VERLAINE donne des détails sur le traitement qu'il suit; malheureusement, sa chambre lui coûte plus qu'il ne gagne : « Mais il le faut, et puis les salles communes me tuent à la fin! » Il se plaint du *Figaro* qui n'insère pas sa copie, et se propose d'y envoyer Mᴵˡᵉ Krantz.

54. VERLAINE (PAUL). Lettre du 30 juillet 1894, écrite du 4, rue de Vaugirard, à Gabriel de YTURRI. — VERLAINE est étonné que le *Figaro* n'insère pas un article qu'il a écrit et qui lui a été payé. En terminant, il s'afflige du silence de son correspondant et craint qu'il n'y ait entre eux « un roman chez la portière ».

55. VERLAINE (PAUL). Lettre du 8 août 1894, écrite du Grand Hôtel de Lisbonne (4, rue de Vaugirard), à Gabriel de YTURRI. — VERLAINE sollicite l'envoi d'un billet de 100 francs pour régler son hôtel. Il s'est décidé à quitter Mᴵˡᵉ Krantz : « A cause de son caractère et du mien... Je pense qu'il est meilleur pour moi de rester célibataire quelque temps. »

56. VERLAINE (PAUL). Lettre du 13 août 1894, écrite du Grand Hôtel de Lisbonne, à Gabriel de YTURRI, pour lui accuser réception de son envoi et le prier de remercier le comte de MONTESQUIOU.

57. VERLAINE (PAUL). Lettre du 15 août 1894, écrite de l'Hôtel de Lisbonne, au comte de MONTESQUIOU. — VERLAINE ayant appris qu'un Comité s'était formé pour lui verser une pension (voir nᵒˢ 1, 2, 3, 4, 5), demande que cette somme lui soit répartie le plus tôt possible : « Par suite d'incompréhensibles et déplorables retards dans l'envoi de sommes que l'on me doit, je suis encore une fois à *quia* et dans le plus noir ennui. »

58. VERLAINE (PAUL). Lettre du 17 août 1894, écrite du Grand Hôtel de Lisbonne, à Gabriel de YTURRI. — VERLAINE insiste pour que sa pension lui soit servie mensuellement. Il pourra ainsi régler son arriéré et s'installer rue du Cardinal-Lemoine, avec Eugénie Krantz, qu'il ne peut « en conscience » abandonner. Il met en garde M. de Montesquiou contre les entreprises de la « grosse Esther » : « Il me revient qu'elle médite de nouvelles tentatives sur ma... vertu. » D'accord avec un marchand de vins de la rue Saint-Jacques, elle projette de présenter au comte une note fantastique de dépenses que Verlaine « répudie aussi. »

59. VERLAINE (PAUL). Lettre du 20 septembre 1894, écrite du 4 de la rue de Vaugirard, à Gabriel de YTURRI. — VERLAINE lui annonce qu'il a rompu avec Eugénie Krantz, qui « s'est montrée une dernière fois (qui sera la bonne) inhospitalière et reteneuse de manuscrits. »

Paris, le 21 Xbre 1894

Monsieur et cher poète,

Si vous êtes conforme à mon désir manifesté dans une lettre déjà peu récente, il a dû vous envoyer, à vous et à M. de Yturri, les dédicaces avec dédicaces à la plume, encartées.

Vous excuserez ce pur recueil de cartes de visite. Parmi les nombreuses pièces ajoutées il en est même qui ne devraient pas y être, entre autres des « madrigaux » faits le soir, au café, ou en prenant le chocolat du matin à deux !! Cet « ouvrage » est d'ailleurs sans prétentions aucune.

Des amis « morticoles », mon bon génie m'ont déterminé, non sans résistance mienne, à entrer à l'hôp! Bichat, où je suis ga... b... d'ailleurs comme on n'en a pas l'idée. Mon mal de pied

le guérit ou du moins se modifie en
mieux, mais j'ai passé par des dangers
véritables et je sens bien que ma santé
générale a du plomb dans l'aile – Et
puis j'ai eu des contrariétés, scènes, colères,
etc.

Contre tout ça, je travaille à mort –
Avez-vous lu la première partie de mes
Confessions dans Fin de Siècle ? j'y
achève le bouquin qui sera peut-être
intéressant – et je fais des vers en
masse, par trop peut-être, – mais je
t'émonderai, bien que ce soit peut-être
un mauvais système, car on ne
peut se juger soi-même.

Adieu, cher Monsieur, ou plutôt, bien
plutôt au revoir le plus prochainement
possible. Je vous quitte à regret : voici
la "visite du "chef", et je veux que cette lettre
vous arrive vite.

Agréez mes bien cordiaux saluts
sincères sentiments –

P. Verlaine

Hôp¹ Bichat,
Salle Varjavay, 16.
Boulevard Ney.

Nº 605-62 (b et c).

60. VERLAINE (Paul). Lettre du 27 novembre 1894, écrite du 4 de la rue de
Vaugirard, à Gabriel de Yturri. — Verlaine le remercie de vouloir bien se
charger, avec son ami Cazals, d'aller chez Eugénie Krantz réclamer les livres
et les vêtements qu'elle séquestre. Il lui en donne la liste et lui conseille de ne
pas se laisser intimider par cette femme qui est « très menteuse. »

61. VERLAINE (Paul). Lettre du 11 décembre 1894, écrite de l'Hôpital Bichat,
à Gabriel de Yturri. — Verlaine annonce qu'il a dû rentrer à l'Hôpital, où
il recommence le travail que « cette excellente Mlle K... » lui a en partie con-
fisqué. « O cette Muse ! » ajoute-t-il.

62. VERLAINE (Paul). Lettre du 21 décembre 1894, écrite de l'Hôpital Bichat,
au comte de Montesquiou. — Verlaine s'inquiète de savoir si l'éditeur Vanier
lui a fait parvenir un exemplaire des *Dédicaces*, « ouvrage sans prétentions
aucunes ». Pour lui, il est à l'Hôpital, où il est gâté « comme on n'en a pas l'idée ».
Il « travaille à mort » et achève les *Confessions*. Il « fait des vers en masse, par
trop peut-être, » mais « j'émonderai, bien que ce soit peut-être un mauvais
système, car on ne peut se juger soi-même. »

63. VERLAINE (Paul). Lettre du 21 décembre 1894, écrite de l'Hôpital Bichat,
à Gabriel de Yturri. — Verlaine a changé d'avis et préfère qu'aucune démar-
che ne soit faite auprès d'Eugénie Krantz, qui a beaucoup de qualités, mais
« qui a le caractère le plus affreux qui se puisse imaginer ». Verlaine préfère
éviter de nouvelles scènes dont sa santé n'a pas besoin.

64. VERLAINE (Paul). Lettre du 22 janvier 1895, écrite du 31 de la rue Mon-
sieur-le-Prince, à Gabriel de Yturri. — Verlaine lui annonce sa sortie de
l'hôpital et lui demande un rendez-vous : « J'aurais bien des choses à vous dire,
particulièrement relatives à Mme Desbordes-Valmore et à ma pièce *Les Uns
et les Autres...* »

65. VERLAINE (Paul). Lettre du 18 mars 1895, écrite du 16 de la rue Saint-
Victor (chez Eugénie Krantz), à Gabriel de Yturri. — Verlaine, encore
malade, s'inquiète de la pension qui devait lui être versée par le *Figaro*.
Mlle Krantz, envoyée au journal, y a appris que rien n'avait été versé au compte
du poète. Verlaine ajoute que les 500 francs accordés par le Ministère de l'Ins-
truction publique, « à titre d'encouragement », lui ont été d'un grand secours.
Il travaille à force, mais il achève sa lettre sur cette exclamation découragée :
« N. de D. que c'est donc em..., tout ça ! »

Broussais
Lundi 18 mars 1895

Cher Monsieur,

Votre lettre m'a fait bien plaisir, qui me prouvait que vous pensiez toujours au pauvre poète douloureux que me voici sans fin ni trêve. Je crois vous avoir dit dans mes dernières lettres que j'avais, depuis ma sortie de Bichat !!! en un abcès sous le pied gauche, que j'avais dû, cette fois, ici, chez moi ou chez Eugénie, subir un cruel coup de bistouri — et que maintenant je dois suivre un traitement des plus ennuyeux (bains locaux d'une heure, pansements à n'en plus finir etc) et des moins... bon marché. Durant toute la période au cours de laquelle je vous ai donné un tocsin et presque un glas sur ma lamentable situation, nous avons Eugénie et moi, vécu... de

... pièces de vers que Vanier, !n
payait pas toujours † Et cela,
vous marquai-je, en attendant
la mensualité du Figaro. Or
on m'a, comme j'avais envoyé
Mlle Krentz pous toucher,
la somme que j'avais jusqu'à
présent reçue régulièrement et
qui m'est d'un tel réel secours !
on m'a dis-je, fait répondre,
puis écrit — à la caisse et de
la caisse du Figaro — qu'il
n'y avait, ce mois-ci jusqu'à ce
jour, rien pour moi, que
personne n'avait rien donné,
que Mr Barrès s'occupait
cela . Mr Barrès, à deux
lettres de moi n'a pas répondu.

De sorte que, certes, l'
" indemnité éventuelle à
titre d'encouragement »
(texte officiel) reçue il y a
8 jours, sous la forme
de 8 billets de cent francs
— il y avait quelque dix sept
mois que je n'avais touché autant —

Cette indemnité "éventuelle" et
qui peut très bien n'être
pas renouvelé (Ce n'est pas
une pension, comme sous
Louis XIV ou le simple "père
Badingue," La république,
Citoyen, on ne pensionne
pas les poètes ... mais où
vais je ? et qu'el eu a soufflé
d'opposition ! — De part, disais
je, que ces bougres du
Ministère, m'ont bougrement
rendu service !!! mais
tout de même, et depuis
Figaro est déjà "flambé" ?
Vous pourriez certainement
savoir cela de première
main et serez bien gentil
de m'informer d'aussi
vitale chose N'est-ce pas !
informez moi dès possible
Et venez donc me voir. Pas de
danger de m'en manquer. Je suis
alité sans pouvoir mettre un
pied par terre ! — Je travaille
pour un distique, à un Louis XVII qui

n'aura rien de commun, je le
crains, avec celui de M. Sardou.
Je fais aussi des proses pour the
... ~~battle~~ for life. Quelle
struggle
lutte inégale et que ces proses,
presque aussi mal rémunérées
que des vers, sont donc de mauvaises
dernières cartouches.

Nom de Dieu, que c'est donc
emmerdant, tout ça !

Excusez cette éjaculation toute
soldatesque (ne suis-je pas un
soldat de l'Idéal ?)
et répondez-moi bien vite et
bien long, — ou plutôt venez
me voir bientôt, n'est-ce pas

Mon meilleur souvenir à
M. de Montesquiou et croyez
moi toujours,

votre bien cordial
et affectionné
P. Verlaine
chez M. U. Krentz
16, rue St Victor

66. VERLAINE (Paul). Lettre du 28 mars 1895, écrite du 16 de la rue Saint-Victor, au comte de Montesquiou. — Verlaine se montre très affligé d'un article paru dans le *Journal* du 28, et dans lequel son nom et celui du comte étaient rapprochés dans une intention désagréable pour celui-ci.

67. VERLAINE (Paul). Lettre du 3 mai 1895, écrite du 16 de la rue Saint-Victor, au comte de Montesquiou. — Verlaine lui annonce qu'il a remis à M. de Yturri la pièce de vers écrite pour Marceline Desbordes-Valmore, et il demande des nouvelles de sa pension.

68. VERLAINE (Paul). Lettre du 11 juin 1895, écrite de la rue Saint-Victor, à Gabriel de Yturri. — Verlaine a enfin touché sa mensualité du *Figaro*, mais les frais supplémentaires qu'il prévoit pour le mois prochain l'obligent à faire appel à une somme dont M. de Yturri lui avait parlé.

69. VERLAINE (Paul). Lettre du 17 juin 1895, écrite du 16 de la rue Saint-Victor, au comte de Montesquiou. — Verlaine, qui vient d'achever la lecture du *Parcours du Rêve au Souvenir*, se propose d'en rendre compte pour la revue anglaise *The Senate*.

70. VERLAINE (Paul). Lettre du 1er juillet 1895, écrite du 16, rue Saint-Victor, au comte de Montesquiou, pour s'excuser de ne pouvoir se rendre à une invitation, son état de santé le confinant à la chambre. — Verlaine prie le comte de remercier Maurice Barrès et les « gens charmants » qui veulent bien lui servir une pension.

71. VERLAINE (Paul). Lettre du 13 août 1895, écrite du 16 de la rue Saint-Victor, au comte de Montesquiou. — Verlaine n'a pas touché sa mensualité au *Figaro*, aucune cotisation n'ayant été versée; il s'en désole en constatant amèrement que la littérature, telle qu'il la conçoit, « ne nourrit pas son homme, véritablement ! »

72. VERLAINE (Paul). Lettre du 30 août 1895, écrite du 16 de la rue Saint-Victor, au comte de Montesquiou. — Verlaine n'a toujours rien touché du *Figaro* et ne reçoit pas de réponse de M. Barrès, auquel on lui a conseillé de s'adresser. Or, cette pension l'aidait beaucoup à *vivre*. « Quant à la littérature, quelle blague, pour moi du moins ! »

73. VERLAINE (Paul). Lettre du 11 septembre 1895, écrite du 16 de la rue Saint-Victor, au comte de Montesquiou. — Verlaine a touché 60 francs à la caisse du *Figaro*. Il ne doute pas que ce « signe de vie » soit dû aux efforts de M. Barrès et du comte.

31 Xbre 1895.

Cher poète et cher ami.

J'ai passé au _Figaro_ le 10 du mois qui parut aujourd'hui et j'ai touché 100 francs. J'espère que le mois prochain il reparaîtra des chiffres premiers chaque la petite mais précieuse mensuel que d'ailleurs peu veulent bien me faire rentrer régulièrement désormais — C'est tout de même triste d'ainsi compter pour vivre en dehors de son travail (et pourtant je travaille beaucoup. J'ai même fini la 1re partie, mon Louis XVII.) mais vous m'excusez puisque vous savez les choses, et ça n'est une douce occasion de vous témoigner ma

gratitude pour votre bonne infatigable sollicitude à mon égard

Agréez mes cordiales bien affectueuses et assurez M. Ytturi de mon meilleur souvenir

P Verlaine

39 rue Descartes

Mlle Krantz de faultê moi en bien sincères compliments

No 605-74 (a et b).

74. VERLAINE (PAUL). Lettre du 31 octobre 1895, écrite du 39, rue Descartes, au comte de MONTESQUIOU. — VERLAINE a passé le 10 à la caisse du *Figaro*, où on lui a remis 100 francs. Il déplore que son travail ne suffise pas à le faire vivre : « Et pourtant je travaille beaucoup. J'ai même fini la première partie de mon *Louis XVII*. »

75. VERLAINE (PAUL). Lettre du 4 décembre 1895, écrite du 39 de la rue Descartes, à Gabriel de YTURRI. — Verlaine accepte l'invitation qui lui a été faite d'aller dîner chez Foyot (voir n° 77). Mais il n'a pas de chaussures convenables, et il sollicite une avance de fonds « immédiate » pour pouvoir en acheter.

76. VERLAINE (PAUL). Lettre du 6 décembre 1895, écrite du 39 de la rue Descartes, à Gabriel de YTURRI. — VERLAINE le remercie de son envoi qui lui permettra de sortir : « Quoique très toussotier et boitillant. »

77. Menu du dîner du restaurant Foyot (7 décembre 1895). Au dos, quelques mots au crayon signés du général Mansilla, exprimant au comte de MONTESQUIOU, absent, les regrets des convives. Suivent les signatures, dont celle de VERLAINE.

78. VERLAINE (PAUL). Lettre du 4 décembre 1895, écrite du 39 de la rue Descartes, au comte de MONTESQUIOU. — VERLAINE lui expose ses difficultés financières en termes pressants. Un article de revue ne lui a pas été payé. On lui doit 250 francs pour ses conférences en Angleterre, bref il est aux abois et sollicite une prompte visite du comte.

79. VERLAINE (PAUL). Lettre du 25 décembre 1895, écrite du 39 de la rue Descartes, à Gabriel de YTURRI. — VERLAINE lui rappelle sa promesse de régler le terme de janvier. Il espère que la mensualité enfin fixe du *Figaro* va lui permettre de travailler sérieusement.

80. VERLAINE (PAUL). Lettre du 26 décembre 1895, écrite du 39 de la rue Descartes, au comte de MONTESQUIOU. — VERLAINE accepte volontiers de faire partie du Comité d'honneur du monument Desbordes-Valmore.

81. VERLAINE (PAUL). Carte-lettre du 30 décembre 1895, écrite du 39 de la rue Descartes, au comte de MONTESQUIOU. — VERLAINE adresse un appel désespéré à la générosité de ses amis : « Ceci est un cri de désespoir, littéralement. Nul argent à la maison... » Le reste de la lettre est en anglais : « Not a farthing at home!... If it were possible to you, how much thankful for an immediate money ! »

30 X bre 95.

Très Monsieur, Ceci entre ci :
de désespoir littéralement. Nul argent à
la maison, je suis malade comme jamais
je ne puis rien garder et not a farthing at home
and I want remedies and it is necessary to have
fire. Eugénie, notwistanding all her courage is
out of forces and courage.

It is possible to you, how much
thankful for an immediate money £ ! per

Je vous serre la main bien
tristement et bon affectueusement

39 rue Descartes   P. Verlaine

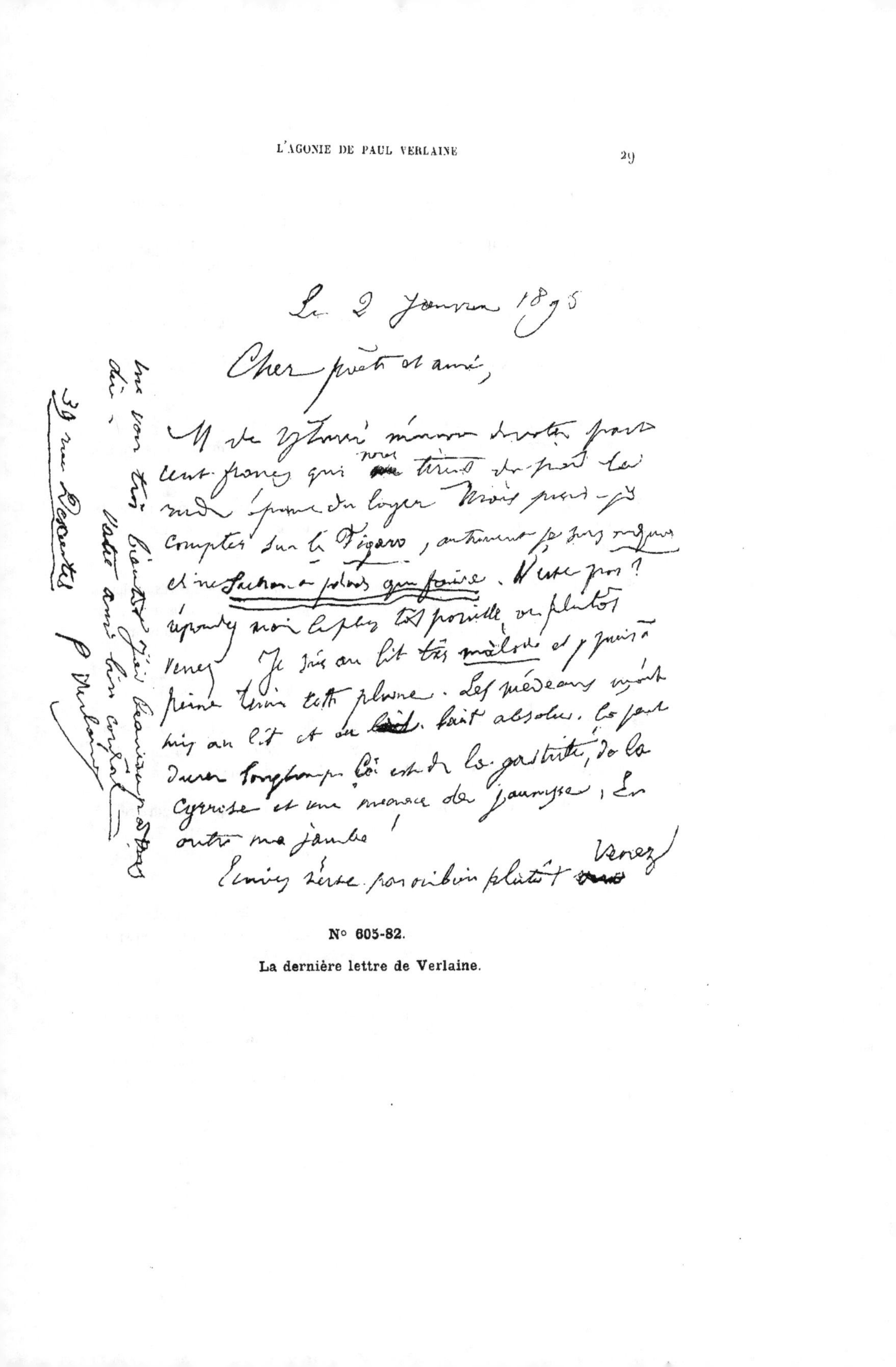

N° 605-82.

La dernière lettre de Verlaine.

82. VERLAINE (Paul). Lettre du 2 janvier 1896, écrite du 39 de la rue Descartes, au comte de Montesquiou. — D'une écriture tremblée et presque illisible, Verlaine implore la visite du comte : « Je suis au lit et je puis à peine tenir cette plume... Ça est de la gastrite, de la cyrrose et une menace de jaunisse. En outre ma jambe ! »

83. VERLAINE (Paul). Lettre du 2 janvier 1896, écrite du 39 de la rue Descartes, à Gabriel de Yturri. — Verlaine le prie de remercier le comte de Montesquiou pour les 100 francs envoyés. Mais il est : « Au lit, au lait absolu... », une visite lui ferait plaisir.

84. PARIZOT (Docteur). Carte de visite datée du 7 janvier, à 11 heures du matin, adressée au comte de Montesquiou. Le docteur lui annonce qu'il a visité Verlaine et l'a trouvé plus mal...

85. PARIZOT (Docteur). Pneumatique, daté du 8 janvier, à 3 heures et demie, adressé au comte de Montesquiou, pour lui annoncer que Verlaine décline rapidement.

86. PARIZOT (Docteur). Pneumatique, daté du 8 janvier, à 8 heures et demie du soir, adressé au comte de Montesquiou, pour l'informer que le docteur se tient à sa disposition pour une consultation le lendemain 9 janvier chez Paul Verlaine.

87. Billet de faire-part du décès de Paul Verlaine, le 8 janvier 1896.

88. MENDÈS (Catulle). Pneumatique daté du 9 janvier [1896], adressé au comte de Montesquiou, pour lui annoncer que le Ministère de l'Instruction publique a versé un secours de 500 francs pour les obsèques de Verlaine.

89. MENDÈS (Catulle). Pneumatique daté du 9 janvier [1896], adressé au comte de Montesquiou, pour lui proposer de demander à Maurice Barrès de prononcer un discours sur la tombe de Verlaine : « Personne mieux que lui ne ferait honneur à notre douleur. »

90. PROUST (Marcel). Lettre (s. d.) écrite au comte de Montesquiou pour le féliciter d'avoir si généreusement et si discrètement secouru Verlaine, et d'avoir su faire son éloge funèbre en termes si délicats.

91. BARRÈS (Maurice). Lettre (s. d.) au comte de Montesquiou. — M. Barrès l'informe de certains bruits que fait courir l'éditeur Vanier qui « se plaint, ou se flatte » d'avoir supporté les frais de l'enterrement de Verlaine. — L'État ayant versé 500 francs, le reste des frais pourrait être réparti entre les amis de Verlaine, dont Catulle Mendès, Maurice Barrès et le comte de Montesquiou.

92. ZORN. Portrait de Paul VERLAINE en tenue d'hôpital, gravé à l'eau-forte,
(Epreuve d'artiste).

93. Sonnet de Paul VERLAINE à « Gabriel de YTURRI » tiré sur papier du Japon.

94. Copie de la main du comte de MONTESQUIOU du sonnet que lui avait dédié
' VERLAINE.

95. Article de Jules LEMAITRE intitulé : « *Un Revenant* », dans lequel il établit
un parallèle entre François VILLON et Paul VERLAINE.

ORLÉANS. — IMPRIMERIE ORLÉANAISE, 68, RUE ROYALE.

CVM HOMO
CONSVM TVNC
MAVERIT INCIPIET
Eccles· XVIII·G